Ingeborg Bauer

Jahreszeiten

Haikus und Tankas

Bilder und Layout:

Ingeborg Bauer

Bibliografische Information der Deutschen Nationalbibliothek:
Die Deutsche Nationalbibliothek verzeichnet diese Publikation in der
Deutschen Nationalbibliografie; detaillierte bibliografische Daten sind
im Internet über http://dnb.dnb.de abrufbar.

© 2020

Herstellung und Verlag: BoD – Books on Demand, Norderstedt

ISBN: 978-3-7528-5008-6

Ingeborg Bauer

Jahreszeiten
Haikus und Tankas

JAHRESZEITEN

HAIKUS UND TANKAS

Haiku - das ist die kürzeste lyrische Form, sie hat sich aus dem etwas längeren Tanka entwickelt. Entstanden sind die beiden Formen im 16. und 17. Jahrhundert in Japan. Anders als die europäischen Strophenformen, die auf dem Wechsel der Betonung beruhen, wird hier nach Silben gezählt. So folgt der Dreizeiler Haiku der Silbenfolge 5 – 7 – 5, der Fünfzeiler Tanka der Silbenfolge 5 – 7 – 5 – 7 – 7, wobei das Haiku die Kurzform des Tanka darstellt. Die beiden Formen spielen mit Assonanzen und Alliterationen. In der Regel handeln Haikus (und Tankas sind hier immer mitgemeint) von der Natur. Es ist gerade das Jahreszeitliche, das sich in ihnen ausdrückt. Haikus gehen auf eine Situation, ein Ereignis, einen bestimmten Augenblick zurück. Und diese Momente werden in die Gegenwart gerückt.

Haikus basieren auf dem Konkreten, und obwohl eigentlich keine bestimmte Person spricht, ist das Subjekt doch einbezogen, gibt wieder, was der Mensch in diesem Moment empfindet. Haikus sind eine besondere Art der Welt- und Existenzerfahrung. Häufig findet sich eine Zweiteilung, der im Deutschen oft ein Bindestrich entspricht. So können Haikus durchaus auf den ersten Blick vom Widerspruch geprägt sein. In Japan wurde das Haiku eine gesellschaftliche Institution, die Kunst und Religion, aber auch Unterhaltung beinhalten konnte. Ein Haiku in der westlichen Welt wird sich natürlicherweise nicht auf japanische Welterfahrung gründen, und doch führen allein Form und Motiv schon auf zumindest verwandte Wege.

Literatur: Haiku – Japanische Gesichte. Ausgewählt, übersetzt und mit einem Essay herausgegeben von Dietrich Krusche (München 1994)

Wie eine sich öffnende Spirale
laufen die Jahreszeiten
im Kreise und schrauben sich fort.
Sie vermitteln das Verlässliche
in den dahineilenden Tagen
und Jahren, schaffen Vertrauen –
und doch schreitet das Leben
des Einzelnen fort. Veränderung
schleicht sich unmerklich ein.
Unser Leben aber spiegelt sich
in den Jahreszeiten, verbindet
das Tröstliche einer Wiederkehr
mit der Veränderung, der wir
uns stellen müssen.

Gerade darum: Carpe diem!

HAIKUS UND TANKAS – INHALT:

JAHRESZEITEN

Sommer

Herbst

Winter

Ein Jahr in Haikus: 1999

Frühling

Das Land wird weißer

weicher Raum – in die Stille

fällt der Krähenschrei.

Aus schneetrunkenem

Winter dringt munter Farbe:

das Gelb der Krokusse.

Früh morgens singen
die Vögel – als sei der Schnee
schon hingeschmolzen.

Die Knospen des Ahorn
prall zum Bersten – ach, könnte
ich Schritt halten!

Unerwartet noch:
die weißen Anemonen
unter dem Strauch.

Augen im Frühling
suchen im Grase – und finden
die ersten Veilchen.

Scheu streift die Sonne
über die Felder – im Dunst
verborgen Himmelsblau.

Gegenlicht über
braunem Acker – in der Luft
schwebt ein Silberton.

Anemone weiß
und zart - schwarz entschlossen die
Amsel auf dem Ast.

Bleiche Silbermilch
des frühen Tages – Brandung
der Vogelschreie.

Silberwolkendunst –
die Hecke am Wege erwacht
forsythiengelb.

Pegasus reitet

am Abendhimmel - strahlend

sein Sonnenauge.

Auf dem Veilchenblatt

in der Märzensonne der

Marienkäfer.

Mücken an Fäden –

das Jojo-Spiel gegen das

schräge Abendlicht.

Saft zieht in das Gras –

grüner leuchtend – inniger

als später im Jahr.

Die Amsel flötet

auf hohem Ast – der Hahn der

Wetterfahne schweigt.

Marmorstreifen am
Abendhimmel - nach Osten
zieht das helle Blau.

Waldbodenwinter –
im April durchbricht ihn das
Schlüsselblumengelb.

Der braune Weiher

ein dumpfer, dunkler Spiegel

hinter Schlehdornweiß.

Blau und ungenau

Veilchen im Unterholz:

du musst dich bücken.

Kirschblütenweiß(e)

drängt in die Wolkenkette

blauer Zärtlichkeit.

Das Gelb wird kühner

schafft sich Raum – das grüne Laub

spiegelt die Sonne.

Nach Latium (1.-9.April 99):
Auf dem Weg nach Italien – und zurück

Voller Mond rotblass

im Westen - Aprilsonne

löscht aus die Märznacht.

Noch hängt Dunst über

dem mäandrierenden Fluss –

worauf warten die Bäume?

Haselnusspollen –
gelbe Transparenz, die sich
leise verflüchtigt.

Noch sind die Stämme
am Waldrand sichtbar - zuvorderst
tönen die Birken.

Buchenhecken mit
braunem Laub – Anhängliches
vom vorigen Jahr.

Biegsame Gerten
die Weiden im frühen Jahr:
weiche Korallen.

Silberschilf schwebend
über dem dunklen Weiher –
noch fehlt die Farbe.

Gestapelte Holz-
stämme – rhythmisches Spiel vom
Wechsel des Gleichen.

Kalte Schneegipfel
über warmen Vorbergen:
Welten dazwischen.

In Saurierrücken
waldig eingekerbt die
tiefdunklen Schluchten.

Sommer

Regen über Nacht -
und plötzlich wird der Ahorn
zur dichten Hecke.

2. Mai 99

Rosenfarbener

Flaum der Frühe – die Wolke

vor dem reinsten Blau.

13. Mai 99

Wacher Amselblick –

Flügel wachsen aus dem Flaum

zum Sturz ins Leben.

21. Mai 99

Graugrüner Morgen –

Lautes Amselgezwitscher –

regennasser Tag.

7. Juni 99

Dschungelfeuchte Luft

lastet schwer – träge kriechen

Schnecken übern Stein.

1. Juli 99

Zweige und Blätter

an der Wand: Schattenspiele –

Hände wie Fische.

3.Juli 99

Überall runde

rote Beeren – schmal nur ist

die Sichel des Monds.

16. Juli 99

Die kleine Wolke

zu Füßen der Mondsichel:

Sommerabendglanz.

16.Juli 99

Sonntag im Juli

die Begrenzung fällt zwischen

innen und außen.

18.Juli 99

Gelbes Licht fällt auf
grüne Räume – Flattern
der Schmetterlinge.

18.Juli 99

Das Amselgeschrei
am Abend lässt die Katze
ganz unbeeindruckt.

19.Juli 99

Lavendelblüten –
ihr Duft wird intensiver,
löscht ihre Farbe.

19.Juli 99

Die leuchtend weißen
Ränder der Wolkentürme –
der Donner grollt.

19.Juli 99

Morgendämmerung –

Donnergrollen gegen das

Geschrei der Amseln.

20.Juli 99

Dürrer Rosenstock

und doch trägst du unverhofft

eine rote Blüte.

21. Juli 99

Abenddämmerung –

Erdfarben werden voller,

runder die Formen.

24.Juli 99

Reise in die Schweiz 4. – 16. August 1999

Wasser rinnt abwärts –
die Schneisen: weiße Blutbahnen
im felsigen Stein.

Gewitter am Genfer See

Wetterleuchten rings-
herum - über den See läuft
eine Wasserfront.

Wettereinbruch, wenn
Wolkengesichter ihre
Langhälse strecken.

Regen fällt und rinnt
durch die Furchen im Fels:
steile Schraffuren.

Straßen und Dächer

nass vom Regen - gleißende

blendende Bänder.

Sonnenfinsternis am 11. August 1999

in Leukerbad

Sonnenfinsternis -

als lege sich Gewitter

still über das Tal.

Auch die Vögel verstummen

in dieser dämmernden Nacht.

Spätsommer und Herbst

Immer noch denk ich
ans Blau der Kornblumen statt
an dunklere Astern.

Im Septemberlicht
gliedert das Spinnennetz die
Welt in Segmente.

Und den Spinnweben
gehört der Tag – die Spinne
markiert die Mitte.

Sommerschwer hängen
die roten Vogelbeeren
im Morgennebel.

Tiefer grünen die
Büsche, auf der Leine hängt
schwer die Wäsche.

Wenn die Sonne sich
verschleiert, leuchten Sonnen-
blumen in den Tag.

Herbstblumen – Astern
wechseln vom Rot hinüber ins
Violett und Blau.

Durchs herbstliche Laub
leuchtet der Goldengel auf
der Kirchturmspitze.

Das Gold der Sonne –
hinter dem Wolkengrau wird
es still und silbern.

Kressesamen am
Feldsaum schickt eine grüne
Liebesbotschaft aus.

Oktober beginnt.
Werden die Spinnennetze
im Sturme halten?

Im Rückspiegel brennt
der Himmel und vor mir steht
die blaue Wolkenwand.

Um Mitternacht
ruht der Grosse Wagen auf
den flachen Dächern.

Um Mitternacht
entfaltet das Himmels-W
goldene Flügel.

Herbstwind steigt aus den
Wolken, um mit den Blättern
zu tanzen. Heissa!

Spät am Abend dann
tanzen die Blätter – so als
wären sie Mäuse.

Drachen tanzen im

Wind – beschwören die Tage

mit Kindern herauf.

Nur das Feste wird

halten - der Wind raubt meiner

Rose das Gesicht.

In den hellblauen

Tag strömt Kälte aus dem Raum.

Rosen schmerzt der Frost.

Über Nacht lodern

die bunten Feuer am Hang:

Indian summer.

Farbige Wolken

gleiten im lichtblauen Raum:

Schatten überm Feld.

Wolkengestalten

im blauen Raum – so gleiten

Engel am Himmel.

Golden wogt das Licht

des späten Tages über

goldgelbe Klippen.

Fahlblaue Blüte

am kahlen Strauch – trotzend dem

Unabwendbaren.

Schwarze Vögel auf

dem Acker vor dem Abflug –

Pflugscharen im Herbst.

Sonne sickert durchs

morgendliche Grau - ein un-

erwartet Wunder.

Erster Schnee fiel dick,

lag schwer auf bunten Zweigen:

frühlingsfroher Schmuck.

Das sanfte Licht der

Kerzen – draußen regengrau

der Schrei der Krähen.

Winter

Ende Februar

Indigohimmel
über Schnee: blau-weiße Schöpfung –
Anfang der Dinge.

Im Heulen des Winds
weint meine Seele – der tiefe Schnee
erstickt nicht den Schmerz.

Hinter den Wolken
lodert Noldesches Feuer –
trunken die Erde.

Das Schwarz der Bäume –
über dem Weiß der Felder
klagt dunkel die Katze.

Am Himmel leuchten
Jupiter und Venus - bis
die Lampe sie löscht.

Winter in Grän 2004

Der Sonnenball rollt

über den Bergkamm und streut

Gold übers Wasser.

Silbertaler, die
über den Bach hüpfen – Stoff
für Märchenprinzen.

Der Sonne folgend
wehen die Schneefanale:
Flaggen des Tages.

Aus Wolkenbergen
für Augen-Blicke ein Gipfel,
ein leuchtender Grat.

Das Weiß der Gipfel
gegen das dunkle Grau des
dämmrigen Tages.

Licht auf dem Wasser –
glanzvoller Silberschmuck
aus Sonnengeschmeide.

Trompetengold tönt
durch winterliches Geäst
am Weihnachtsabend.

Wintertag blinzelt
aus fahlen Schlitzen silbern
auf das Weiß des Schnees.

Gehen im Sturm, wo
Licht und Schatten zerfließen
in graues Dämmern.

Auf dem See weiße
Wellenkämme – im Schatten
tintentiefes Blau.

Goldene Inseln
im Wasser – Silberschnitte
der kahlen Birken.

Wasser umkreist den

Stein: Abstraktion der Linie

und sanftes Gleiten.

Der Bart des Baches
ist über Nacht ergraut und
sein Lauf ist erstarrt.

Der Nebelschleier
öffnet sich: ein weißes Joch –
Fuß einer Schönen.

Glühende Augen
hinter dem Schleier: Sonnen-
licht dringt aus Wolken.

Blauweißer Winter -
im Dunst das Sfumato des
Unvollendeten.

Verschämte Lippen
berühren den Horizont:
noch schlummert das Tal.

Schneefahnen wehen

von weißen Gipfeln, einer

Wand aus Indigo.

Im Weiß des Winters

verschwimmen Einzelheiten:

es lebt das Ganze.

Gleitend in einer

Folge blauweiß getönter

Aquarelle - Ich.

Unter den Wimpern

die regenbogenfarbene

Iris: ein Anfang.

Unter den Augen-

lidern blinzelt dir in Hell-

blau der Wintertag.

Die strenge Form des
Bergs in lichten Dunst gehüllt
hinter den Erlen.

Im Spiegel vereint
Himmel und Wasser und Licht –
der Baum mit dem Berg.

Rote Beeren in
einen Schleier gewirkt aus
weißblauem Winter.

Zwerge ducken sich
im Märchenwald und die Feen –
und du hältst inne.

Silbertränen, leicht
gestreut, verfangen sich im
Dickicht der Böschung.

Der Sturm schreitet aus,

treibt den Baum zu den Wurzeln.

Wie steht es um dich?

Verschämte Lippen

berühren den Horizont:

noch schlummert das Tal.

Im Licht des Morgens

glänzen die Eiskristalle:

lauter Juwelen.

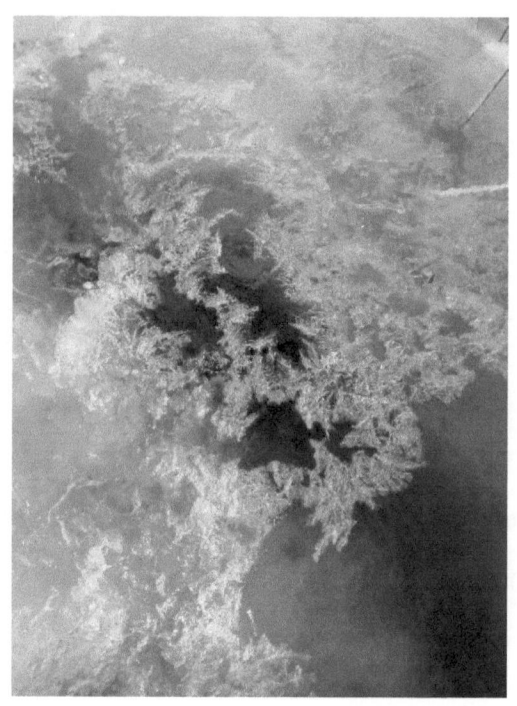

Winter in Grän 2010

Verwoben mit den

Ästen der barocke Helm –

Ruhepol und Nabe.

Die Madonna im

Dachfirst – gefasst von Birke

und Bergrücken.

Weiße Hänge durch-

brochen von Tannenläufen –

rhythmisches Gleiten.

Das blaue Auge

des Weihers – seine Linse

spiegelt den Himmel.

Collage aus Eis

und steinigem Grund und sich

spiegelnden Tannen.

Dunst liegt über dem
Bach – die Schwere geht über
in Leichtigkeit — .

Einen Traum von Schnee
unter Augenlidern dem
Sommer bewahren.

Winter in Grän 2013

Der Bach – zwischen den
Schollen glitzerndes Wasser –
Milchstraßensterne.

Eine Eisbahn – auf
ihr träufelt Wasser Silber-
Flächen in den Schnee.

Zu Zeichen erstarrt

Wasserwirbel – immer aufs

Neue diese Sternenpracht.

Am Fischteich streckt ein

Entenpärchen seine Bürzel

in die Höhe und

legt konzentrisch Kreise

überlappend auf das Nass.

Der Weiher tinten-

schwarz gezeichnet – eingefasst

von tief verschneiten

Ufern – ein Steg wirft seine

stillen Schatten in den Kreis

Aus der Rinde wächst

ein Gesicht – ein dunkles Auge

blickt dich an – vernarbt

die Haut, bedeckt von Flechten –

kühl der weise Winterblick.

Zwei filigrane

Baumskelette ragen auf

aus dieser Welt aus

weißem Schnee – unendlich still

erscheinen Feld und Himmel.

Vorfrühling in Oberschwaben 2019

Am Morgen graublaue
Stille, gedämpftes Vogel-
gezwitscher an der
Birke. Leichtes Erröten
streift über den Horizont.

Ein kleiner Spatz sitzt
auf dem knospenden Kirschbaum
und lauscht der Stille.

Die weißen Stämme
der Birken leuchten auf im
transparenten Licht.

Morgendunst – weiß-
schimmernde Kühle – ein
Mandelbäumchen blüht.

Die hohen Bäume

stehen kopfüber im Moor –

die weiße Sonne

ruht in der Astgabel des

des dunklen Wasserspiegels.

Der Waldrand ist voll
Erwartung und streckt seine
Knospen in den Raum.

Bäume und Sträucher
bilden einen Zaun vor dem
taubenblauen Früh-
lingshimmel – filigraner
verspielter Spitzenbesatz.

Der April wirft mich um
mit seinen Launen – Stimmungs-
grau will mich augenblicks
mit Sonnenmunterkeit fast
erschlagen – noch zögere ich.

Weiße Anemonen

schaffen den Weg durchs welke

Laub des Vorjahres.

Bei feuchtkaltem Wetter schließen

sie ihre weißen Kelche.

Allmählich wachsen

die Triebe, die Knospen sind

prall in Erwartung.

Der gefällte Riese

legt seine Krone bergend

über das dunkle

Wasser, das ihm mit einer

Spiegelung Antwort erteilt.

Der Himmel spiegelt

sein Blau auf dem Wasser – der

Baum liefert Fugen,

die die blauen Splitter in

Kirchenfenster verwandeln.

Baumskulpturen aus

dem Wasser ragend – totes

Holz, das die Natur

verformt zum Wasserspeier

gotischer Kathedralen.

Eichenblätter, tief

gekerbt, halten sich lange –

bis in den Frühling.

Zwei Stämme, die die
Nähe zueinander suchen,
ein Miteinander –
zwei Stimmen, die sich fanden
und zueinander treten.

Zwei Bäume, die sich
im gleichen Winkel neigen
zu einer Achse
und sich spiegelnd im Wasser
in ein Kunstwerk verwandeln.

Zarte Schlehenblüten
umschmeicheln den noch kahlen
Wald mit lichtem Schleier.

Das Weiß der Birken-
stämme leuchtet heller im
Licht des Vorfrühlings.

Wolken, berstend am

Morgen, imitieren Woll-

Gras auf dem Wasser.

Wolke mit Silber-

Saum grenzt an das Himmelsblau –

ein Ast schafft Kontur.

Sonne moduliert

den Wasserspiegel – Schärfe

gegen Unschärfe –

auf das Dunkel des Moors legt

sich blendend leuchtendes Licht.

Die roten Beeren

vom letzten Jahr vereint mit

knospenden Weiden.

Triebe wie Nebel-

dunst aus lindgrünem Pastell

verschleiern den Baum.

Gelber Huflattich

und Veilchen entfalten sich,

dem Wetter trotzend.

Primeln, kraftstrotzend,

lassen sich nicht einschüchtern

von Aprillaunen.

Die Halme scheinen
aus dem Weiß der Wolken zu
wachsen. Wolkenrand
legt Silberketten aufs Moor,
lässt das Dunkel aufleuchten.

Nebel über dem Moor

Am Morgen liegt feuchter
Dunst über dem Moor,
ein samtener Schleier,
als wäre man noch befangen
in einem nächtlichen Traum.

Nebeldunst über
dem Wasser. Weichgezeichnet
sind Baum und Strauch - jetzt
mit den Worten der Droste
im Ohr übers Moor gehen.

Dunst liegt über dem

Wasser – die Spiegelung des

Raums lichtet das Moor.

Die Skelette der

Bäume legen Schatten auf

den Wasserhimmel

und Spuren der Erde in

die filigrane Tiefe.

Wolken grundieren

die dunkle Lineatur

der Zweige im Moor.

Nur im Vordergrund

werden mit schwarzer Tusche

Konturen gesetzt.

Dahinter ein Sfumato,

das die Natur moduliert.

Die Vertikale

der hellen Birken steigt auf

überm dunklen Moor.

Die hohen Bäume

zu Stämmen reduziert,

noch winterlich unbelaubt,

die Schlehe am Rande ver-

zaubert mit ihrem Blühen.

Eichenlaub vom Vor-

jahr hängt wie ein Scherenschnitt

vor dem Himmelsblau.

Birkenrinde – ihr
Weiß enthält das Lindgrün, des
Frühlings Himmelsblau.

Auf der Rinde des
Stammes eine Zeichnung, die
ein Kunstwerk wachruft.

Noch sind die Bäume
hoch und kahl – erlauben den
Anemonen und
Veilchen am Waldboden im
Laub des Vorjahrs zu blühen.

Rinde der Bäume –
voller Schuppen und Male –
Fingerabdrücke,
die Eigenart bezeugen,
Menschliches vermitteln.

Am Wagenhauser Weiher

Schilf wächst am Weiher,
hauchzart grünen die Weiden,
wachsen in den See.
Gleißendes Licht läuft über
das Wasser, dunkel der Wald.

Ob Bäume wachsen

an das Licht, um so näher

dem Himmel zu sein?

Frühling

Der Märzmorgen ist
reine Helligkeit, farblos
ohne Eigenschaft
dringt das Licht durch das kahle
Geäst: Freude der Frühe.

Schnee auf Kirschblüten –
schwer hängt das frühlingshafte
Laub der Rosen und
der feuchte Schnee verwächst sich
mit dem Schaum weißer Blüten.

Am 26. April 2016

Wintergrau ade –
Hoffnung auf Farbe, Wärme
und Vogelgesang.

Mit feinem Pinsel

getupft die ersten Blüten

am Strauch – ein Wunder!

Der Blick nach oben

ins helle Licht – Ausblick auf

freudvolle Tage.

Ein Hauch von Frühling

Auf Täuschung aus seid
ihr farbstrotzenden Primeln —
noch heult der Sturmwind.

Noch unbeschattet
der Waldboden – Blüten
treten zart ins Licht.

Schneeglöckchen fügen
sich feingliedrig in diese
winterblasse Welt.

Rote Tulpen wie
flatternde Fahnen - aufrecht
im schrägen Licht!

Allein das Gelb der
Tulpen strebt empor - als sei
ihr Licht von Dauer.

Frühlingshafter Raum:
die Sonne rot, rund und voll,
besiegelt den Tag.

Das Sonnensegel
rot im frühlingshaften Raum -
worauf wartest du?

Blaue Veilchen am

Wiesenrain - wie konntest du

sie übersehen?

Butterblumengelb

die Frühlingswiese – Maiengrün

treiben Busch und Baum.

Kirschblütenweiß im

frühlingsblauem Raum – der Duft

weht lind von Westen.

Fliederfarben blüht

der Strauch - verbreitet schweren

Duft über den Garten.

Maimorgen

Kastanien als

weiße Kerzen schenken der

grauen Wolke Licht.

Blumen und Sträuße

Starke Farben im
Strauß – rotes Feuer züngelt
aus grünen Blättern.

Rotgeränderte
Blüten ruhen schüchtern auf
allerlei Grünem.

Feuerlilien im
Gegenlicht – Geheimnis trotz
lichter Transparenz.

Feuerlilien in
komplementären Farben –
Tag folgt auf Nacht und
der Wechsel von Freude und
Trauer – und doch bleibt das Licht.

Rosen gebunden

zum Strauß – Maienglück,

Geburtstagsfreude.

Rosen erinnern an das

Poesiealbum der Mutter.

Sommer

Licht auf den Stufen –

das leuchtende Rot des Mohns –

Sommertagsfreude.

Sommer über dem

Seerosenteich – strahlendes

Weiß neuen Anfangs.

Sommerflieder – Baum
der bunten Schmetterlinge,
als wir jung waren.

Wie der Schatten der
Wolken der sonnigen Land-
schaft Kontur verleiht.

Indigomarmor
und hellblauer Grund –
silberne Ränder
bedecken die Sonnenstirn,
überfluten den Horizont.

Der Sommer liebt sie
die großen Gesten – üppig
wachsen die Formen.

Feuerwerk

Silberglänzende
Wasserfälle - ein Tummelplatz
von Elfen und Trollen.

Spiegelfiguren –
Augenblicke verbinden
Erde und Himmel.

Zwischen Morgen und Abend

Orangerot ist das
Feuer der Blutbuche im
frühen Morgenlicht.

Am Abend erlöscht
ihr Gewand – erinnert an
getrocknetes Blut.

Abendwolken rot-
violett werden zum Pfeil –
federleicht flatternd.

Herbst

Der Bodensee im frühen Herbst

Unendlich dieses
stille Verblauen – Schichten
vor Schichten immer
zarter, bis zuletzt alles
im Blau des Himmels versinkt.

Die Störche zeichnen
die Wiese, dunkle Chiffren
bilden die Reiher.

Sanfte Wellen be-

netzen die kleinen Steine –

Collagen aus den Alpen

mit feinen Linien als

Zeichen der Herkunft.

Der Sommer sinkt in

die Matten - unter dem Dunst

wird die Erde schwer.

Der Abendhimmel

bläut den See und wirft Wellen-

Schatten ins Blaue.

Eine barocke Musik

steigt auf über dem Wasser.

Herbst

Roter Sanddorn als

bunter Vorhang vor einem

grauen Herbsttag.

Eine einzelne

Rose am winterlichen

Strauch: was hoffst du noch?

Der Fasan auf dem

Feldweg - farbige Exotik

so nah am Kohlfeld.

Die schwarze Katze

lässt sich ein auf den Kampf der

Blicke – geht dann doch.

Ein gelber Teppich

aus Gingkoblättern – kahl der

Baum in einer Nacht.

Die kleinen gelben

Birkenblätter über den

Weg verstreut – Augen-

Blicke schauen dich an aus

seltsam vagen Gesichtern.

Wolken dunkel und

dennoch Engelsflügeln gleich

über schwerem Grün.

Herbstliches Dämmern

draußen, bringt die inneren

Räume zum Leuchten.

Das Feuerwerk des fallenden Laubs

verglüht nächtlich im Schatten.

Der Herbst wirft erdig

dunkle Schatten und Tropfen

formen Kreise, verbinden

zärtlich sich auf des Wassers

tiefgründig azurem Blau.

Schatten fällt auf das

Wasser, Licht spielt mit der Zeit –

Erinnerungen

vibrieren leise, bilden

luftig leichte Traumbilder.

Träume dringen aus

dem Dickicht des Vergessens,

spielen mit Räumen,

weben Ungleichzeitiges

zu einem tragenden Netz.

Herbstspaziergänge

Wege, die direkt
in die Wolkenwand führen –
ins Himmelblau.

Indigofarben
die Wolken – gesättigt mit
Silbergeschmeide.

Die Vogelscheuche
im Schwarm der schwarzen Vögel
zerfleddert zum Kreuz.

Krähen in Schwärmen
auf den kahlen Feldern –
doch gibt es Paare.

Warum sie wohin
fliegen, ist nicht zu sagen –
Freude am Schweben?

Die eine Blüte
öffnet ihren Kelch und schließt
ihn bei Sturm – sie denkt.

Blutrote Knospen
der letzten Rosen trotzen
den Hagebutten.

Laub papieren dürr

hängt in bizarren Formen

von kahlen Zweigen.

Weinlaub, stark Ton in

Ton, dämmert verloren der

Erde entgegen.

Und Disteln hängen
hell leuchtend – werfen lichte
Schatten auf Wände.

Die Zeit der roten
Laternen – leuchtender Tag
vor der frühen Nacht.

Die bunten Strähnen
des Ahorns leuchten im Grau
des Regentages.

Rosaroter Dunst
liegt über den Feldern und
spiegelt sanft die Stadt.

Die Stadt entzündet
in Zeitlupe ihr immer-
währendes Feuer.

Winter

Weinstöcke am Hang
modellieren - schraffieren
den Berg zur Skulptur.

Abends der Himmel
lachsrosa und blauviolett:
Novemberklänge.

Farbfelderhimmel
lachsrosa und blauviolett:
Wärme verlässt uns.

Elstern hängen im
schneeverhangenen Strauche
wie dicke Spinnen.

Kerzenlicht, das sich

spiegelt im Fenster und mit

dem Rot der Rosen

als Symbol dem Höhepunkt

des Jahres entgegen scheint.

Kerzenlicht, dessen

Anblick uns Stille beschert –

Zauber der Christnacht.

Ein aus dem Grün her-

aus Verblauen – gestaffelt

die Horizonte

von Mörikes blauer Mauer

im Dunst des neuen Jahres.

Februar

Blumengesicht vom
Frost gezeichnet – wirst du
dem Winter trotzen?

Frostblume – deine leicht
geöffneten Lippen –
wollen sie klagen?

Der Pflug malt Bilder
in die von Schnee bedeckten
Felder: Mondrian.

Weiß und Braun und
die Akzente der Bäume: Kunst
mit blauen Schatten.

Tintenkleckserei

des schwarzen Waldes: Don Quichotte

und Sancho Pansa.

Schneeschmelze – dieses

Nicht-Mehr und Noch-Nicht – allein

die Gestik des Baums.

Ausgeapert, aus-

gefranst, Fragment, irgendwie

der Ganzheit beraubt.

Abendlicher Code

aus rosa Streifen auf der

Horizontlinie.

Allmähliches Verblassen

in Sepiafarben.

Baumkronenspitzen
halten den Mond: der Mann im
Mond im Element.
Auf einem Regenbogen rutscht
er in dämmerdunkle Nacht.

Der Mond rutscht
zwischen die Drähte – eine
rhythmische Note
musikalisch begleitet
von einem farbigen Hof.

Im Dezember 2019

Reif auf den Feldern
vor Baumskeletten, die ein
dichtes Netz spinnen.

Bäume reifbedeckt
werden zu filigranen
Skulpturen im Licht.

Dunst zeichnet das Land
weich – lässt die Ackerstreifen
unscharf verlaufen.

Baumgruppen am Hang
modulieren den lichten
vagen Horizont.

Ein Engelsflügel
schwebt über dem Horizont –
verliert seine Form.

Fön gleitet über
den Horizont – ausapernd
die Alpenkette.

Die Berge so nah
wie Maulwurfshügel – Bäume
vergittern den Blick.

Schneebedeckte Berg-
spitzen – verwandt den Wolken
über dem schwarzen Wald.

Streifen von hellem
Marmor auf weicher, in Watte
getauchter Wolkenwand.

Am Abend erlischt

das Land, zerläuft in weichem

Einerlei von Grau.

Kerzenlicht, das sich

spiegelt im Fenster und mit

dem Rot der Rosen

als Symbol dem Höhepunkt

des Jahres entgegen scheint.

Kerzenlicht, dessen

Anblick uns Stille beschert –

Zauber der Christnacht.

Burning candles can

stand metaphorically

for the stars on the

nightly sky – they give us the

magic of the Holy Night.

Ingeborg Bauer

Studium der Germanistik und Anglistik. Nach dem Staatsexamen als Studienrätin tätig. Volkshochschuldozentin in Esslingen (Englische Konversationskurse mit Schwerpunkt „Englischsprachige Literatur der Gegenwart"). Freiberufliche Mitarbeit in einer Galerie für zeitgenössische Kunst, Vernissagen, Texte zu Künstlerkatalogen.

Veröffentlichungen u.a.:

- „Mental Maps" - Lyrik und Kurzprosa (2003)
  ISBN 3-89906-447-X   € 4,80

- „Das Blau des Himmels aber birgt den Engel" - Lyrik (2004)
  ISBN 3-899906-795-9   € 7,80

- „Traumverwandt die Schatten der Dinge" - Lyrik und essayistische Prosa
  ISBN 3-89906-597-2   € 8,80

- „Sommerschwer die Vogelbeerdolden" – Lyrik (2005)
  ISBN 3-899906-596-4   € 8,80

- „Die Melodie des Ölbaums und der Palme" – Reisen in den Maghreb" (2007)
  ISBN 978-3-8334-6807-0   € 11,80

- „Am blauen Rand Europas - Inseln im östlichen Mittelmeer" - Lyrik (2008)
  ISBN 978-3-8379-5744-4   € 11,90

  - „Ägyptischer Bilderbogen - Tagebuch einer Ägyptenreise" (2009)
    ISBN 978-3-8370-8722-2   € 25,00

  - „Es streift eine dunkle Flöte" (2010)
    ISBN 978-3-8391-4233-2   € 14,80

  - „Annette von Droste-Hülshoff – eine Annäherung" (2010)
    ISBN 978-3-8391-4670-5   € 14,80

  - „Von Wald, Wasser und Wind und einer bewegenden Geschichte
    Polen - Baltikum - St. Petersburg" (2011)
    ISBN 978-3-8423-4030-5   € 35,90

  - „Im Bannkreis Venedigs - Venedig - Kroatien - Korfu" (2011)
    ISBN 978-3-8423-5850-8   € 24,90

  - "Peer Gynt und das menschliche Maß – Gedanken zu einer Norwegenreise" (2012)
    ISBN 978-3-8448-1092-9   € 19,90

  - „Spiegel innerer Räume - Lyrik zu Bildern von Paul Klee" (2012)
    ISBN 978-3-8448-1601-3   € 11,90

- „Wege in die Abstraktion – Lyrische
Betrachtungen (2013)
ISBN 978-3-7322-3992-4   € 5,90

- „Auch am Rand ist in der Mitte - eine (nicht nur)
literarische Reise durch Irland" (2013)
ISBN 978-3-7322-3730-2   € 20,90

- „Ikonen der Kunst – Betrachtungen zur
Bildtradition in Ost und West (2014)
ISBN 978-3-7357-2157-01   € 13,99

- „Distel - dornige Schönheit – Auf Spurensuche in
Schottland (2015)
ISBN 978-3-7347-8050-9   € 19,99

- „Von der Zeit" - Ingeborg Bauer, Lyrik
Peter Magiera, Grafik (2015)
ISBN 978-3-739-224701   € 5,99

- „AugenBlicke Teil I: Augenblicke der Menschheit"
(2016)
ISBN 978-3-741-29301-6   € 12,99

- „AugenBlicke Teil II: Gesicht und Auge – Porträt
und Maske" (2016)
ISBN 978-3-741-29306-1   € 9,99

- „AugenBlicke Teil III: Das Auge in der Moderne"
(2016)
ISBN 978-3-741-29309-2   € 15,99

- „Doris Knapp – Stationen eines Künstlerlebens"
(2017)
ISBN 978-3-7448-8359-7   € 6,99

- „PORTUGAL – Lyrisches Kaleidoskop" (2017) –
ISBN 978-3-7448-9052-6   € 11,99

- „INNENRÄUME – INNERE RÄUME – LEBENSRÄUME –
Interieurs in der Malerei in Nord und Süd" (2018) –
ISBN 978-3-7448-9052-6   € 18,99